CATALOGUE

D'UNE

TRÈS BELLE COLLECTION

DE

TABLEAUX

MODERNES

ET DE

PLUSIEURS DESSINS PAR M. DECAMPS, ETC.

PARIS

MAULDE & RENOU

IMPRIMEURS DE LA COMPAGNIE DES COMMISSAIRES-PRISEURS
Rue de Rivoli, 144.   3661

—

1854

CATALOGUE

D'UNE

TRÈS BELLE COLLECTION

DE

TABLEAUX

MODERNES

ET DE

PLUSIEURS DESSINS PAR M. DECAMPS, ETC.,

DONT LA VENTE AUX ENCHÈRES PUBLIQUES AURA LIEU

HOTEL DES COMMISSAIRES-PRISEURS,

RUE DROUOT,

Salle n. 2, au premier étage,

LE SAMEDI **18 MARS 1854**, A UNE HEURE.

Par le ministère de Me **RIDEL**, Commissaire-Priseur,
rue Saint-Honoré, 335,

Assisté de M. **COUTEAUX**, passage des Panoramas,
galerie Montmartre, 27,

Chez lesquels se distribue le présent Catalogue.

———⋘⋙———

EXPOSITION PUBLIQUE

Le Vendredi 17 Mars 1854, de midi à cinq heures.

———◦❀◦———

PARIS

MAULDE & RENOU

IMPRIMEURS DE LA COMPAGNIE DES COMMISSAIRES-PRISEURS
Rue de Rivoli, 114.

1854

CONDITIONS DE LA VENTE.

Elle sera faite au comptant.

Les acquéreurs paieront, cinq pour cent, en sus des adjudications.

DÉSIGNATION

DES

TABLEAUX ET DESSINS

⸺ ∘⊂⊃∘ ⸺

ACHARD.

1 — Paysage.

BELLY.

2 — Environs de Raplouse.

BRISSOT.

3 — Paysage.

BONNINGTON.

4 — Près la mer.

5 — Place de Venise.

BONNINGTON (ATTRIBUÉ A).

6 — Vue d'un canal de Venise.

CABAT.

7 — Paysage.

8 — Soleil couchant.

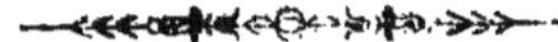

CHAVET.

9 — Musicienne.

CHERET.

10 — Paysage oriental.

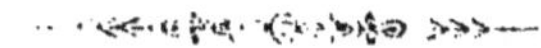

CICÉRI (Eugène).

11 — Paysage. Fabriques au bord d'un canal.

12 — Paysage. Tourelles et masures.

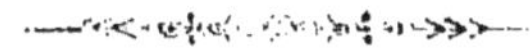

COUTURE (Thomas.)

13 — Le fou.

14 — Profil perdu.

15 — Tragédienne.

COUTURIER.

16 — Nature morte.

17 — Pendant du précédent.

CURZON.

18 — Environs de Narni.

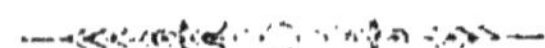

DAUBIGNY.

19 — Paysage.

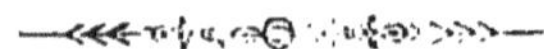

DECAMPS.

20 — Le chariot : effet d'orage.

21 — Chasse à courre.

22 — Chasse au marais.

23 — Partie de musique : scène de singes travestis.

24 — Passage de gué.

25 — Guerrier.

} Aquarelles.

26 — Cour intérieure.

27 — Paysage.

28 — Paysage.

29 — Étude de rochers.

30 — Etude de rochers.

Dessins.

DEDREUX-DORCY.

31 — Tête de jeune fille.

32 —　　　Id.

33 —　　　Id.　　　Pastel.

DELACROIX (Eugène).

34 — Ivanhoë.

35 — Hamlet.

DIAZ.

36 — Philosophe dans la forêt.

37 — Sujet oriental.

38 — Récréation champêtre.

39 — Bohémiens.

40 — Paysage oriental.

41 — Forêt de Fontainebleau.

42 — Intérieur de forêt.

43 — Paysage.

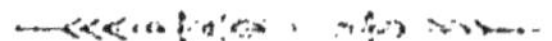

DUBOIS (Th.)

44 — Plage à marée basse.

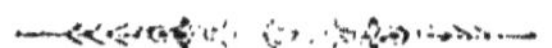

DUPRÉ (Jules).

45 — Paysage.

FAUVELET.

46 — Jeune page.

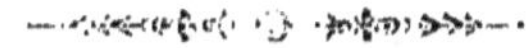

GABÉ (E.)

47 — Marine.

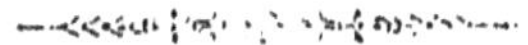

GARNERAY (Hyp).

48 — Marée basse.

GÉRICAULT.

49 — Le trompette.

50 — Etude de cheval.

GIROUX (Achille).

51 Cheval percheron à l'écurie.

52 — Cheval à la forge.

GRENIER.

53 — Arménien.

GUILLEMIN (A).

54 — Braconnier.

55 — Nature morte.

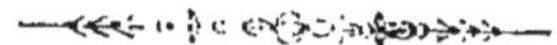

HOGUET.

56 — Marine.

ISABEY (Eug.)

57 — Vue prise dans la rade de Brest. — Temps d'o-
rage.

58 — Marine.

JACQUE (Ch).

59 — Poulailler.

60 — Effet du soir. — Pochade.

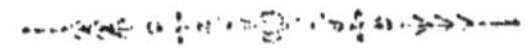

LEFEBVRE (Ch).

61 — Paysage.

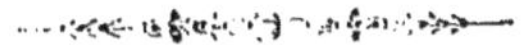

LUMINAIS.

62 — Intérieur breton.

63 —   Idem.

MARILHAT.

64 — Turc couché, fumant. Aquarelle.

MONTVOISIN.

65 — Jeunes garçons jouant aux billes.

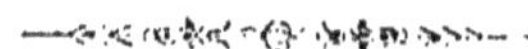

ROQUEPLAN (Camille).

66 — Plage avec figures.

67 — Les fruits.

68 — Paysage.

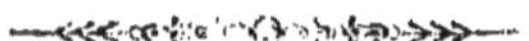

ROUSSEAU (Théodore).

69 — Lisière de bois.

70 — Paysage.

71 — Après l'orage.

72 — Effet d'orage. Dessin.

ROUSSEAU (Philippe).

73 — Famille de chats.

74 — Boutique de fruitière.

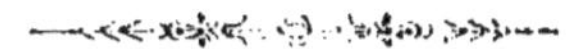

SABATIER.

75 — Bœufs et buffles dans la campagne de Rome.

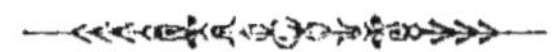

TASSAERT (O.)

76 — Tentation.

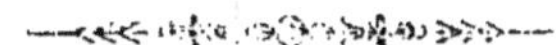

TROYON (C.)

77 — Moutons au repos.

78 — Marche d'animaux.

79 — Effet de brouillard.

80 — Etude.

VERLAT.

81 — Accord.

82 — Désaccord.

} Pendants.

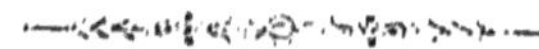

VERNET (HORACE).

83 — Passage des Alpes. Etude.

ZIEM.

84 — Cabane hollandaise. Environs de la Haye.

85 — Sous ce numéro les objets omis.

7631 — Maulde et Renou, Imprimeurs de la Compagnie des Commissaires-Priseurs, rue de Rivoli, 144.